This Book Belongs To:

_____

WORD SEARCH

FOR KIDS AGES 8-10

```
P F L Z S N L S T C
W O R D L H N I L Q
P S L S E A R C H A
M O P T T H X M K I
M S A G F Q C N I M
R H I M D O T V K Y
R Y Q N L W R R A S
M K F Q V Q O N P C
L P S W K I D S D N
H Y D M O G H C L J
```

Instructions

On each page you will be given a list of words. Find each word on the list and circle it in the puzzle provided. Words can appear diagonal, forward, backward, and vertical (upward or downward). Some words can be challenging to find so it is recommended that you use a pencil, in case you need to erase a mistake. Below is an example of how each puzzle is presented. Have fun!

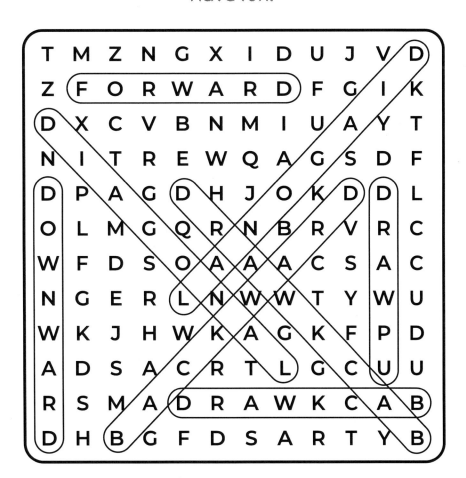

Words to find:

Backward   Upward

Forward   Downward

Diagonal

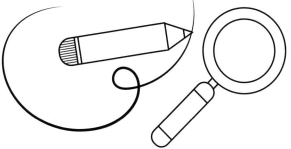

Pets

Can you find all of the words hidden in the puzzle below?

```
H E F I D Y A P G H L A
A J L O N Z Q A F N A E
M Y K T J G T R C G V A
S T G V R I L R D K L A
T S W F B U D O X I I G
E P I B C A T T Z K H C
R S A E C A T A T P O X
H R T E V K R U I T S T
W H Y Y J D P T L X D F
G I P A E N I U G J G W
G E O U U R D C S O R F
H G E R B I L G D G P Q
```

Words to find:

Dog

Cat

Hamster

Fish

Turtle

Rabbit

Gerbil

Parrot

Lizard

Guinea Pig

Royalty

Can you find all of the words hidden in the puzzle below?

E	D	G	Z	V	T	F	P	N	O	Y	U
H	Y	W	I	S	S	R	W	R	P	G	K
M	A	R	L	X	I	O	J	T	J	D	K
D	P	A	X	N	R	F	G	E	H	I	P
V	W	R	C	C	J	E	S	T	E	R	K
O	E	E	I	Y	T	I	L	I	B	O	N
C	S	N	M	N	I	J	Q	U	E	E	N
S	O	Q	O	L	C	E	L	T	S	A	C
C	D	U	E	R	G	E	R	R	A	A	Q
V	P	T	R	N	H	D	O	S	C	K	B
E	V	F	I	T	P	T	I	J	Y	N	U
N	T	K	Z	N	S	V	I	P	F	B	I

Words to find:

King

Queen

Prince

Princess

Castle

Throne

Crown

Jester

Courts

Nobility

Driving

Can you find all of the words hidden in the puzzle below?

E	C	I	F	F	A	R	T	Y	D	U	S
D	O	Y	H	K	M	H	A	A	E	L	F
D	G	T	S	D	L	T	O	S	G	Z	R
Z	J	D	I	I	U	R	Q	T	A	W	Q
A	A	C	A	R	G	E	Y	O	U	F	L
E	Y	K	N	X	N	Y	P	H	A	C
E	N	A	L	I	K	M	N	P	N	M	G
E	N	Y	W	E	L	L	J	G	Y	E	I
O	O	J	N	E	P	Z	I	U	X	E	M
R	N	G	Q	Q	E	S	Y	P	N	K	H
G	K	G	R	L	I	R	E	K	M	J	Q
C	A	R	P	O	O	L	F	I	V	F	W

Words to find:

Road   Turn

Car   Lane

Traffic   Freeway

Sign   Signal

Stop   Carpool

Vegetable Garden

Can you find all of the words hidden in the puzzle below?

```
B  L  I  A  O  O  J  M  L  K  C  T
J  E  Q  B  T  E  M  S  B  S  A  Z
R  M  L  A  Y  J  P  T  T  H  R  B
B  E  M  L  E  T  T  U  C  E  R  E
H  O  B  E  P  O  F  Y  M  H  O  A
T  C  O  M  T  E  A  P  X  V  T  N
B  B  A  A  U  P  P  O  N  N  K  J
V  D  T  N  E  C  P  P  V  K  K  A
O  O  X  V  I  Z  U  D  E  D  C  N
P  J  P  K  J  P  Z  C  Y  R  R  S
C  E  L  S  E  E  S  W  Z  G  D  D
A  I  L  O  C  C  O  R  B  Z  Q  M
```

Words to find:

Tomato

Lettuce

Carrot

Pea

Broccoli

Spinach

Bell Pepper

Bean

Cucumber

Potato

Office

Can you find all of the words hidden in the puzzle below?

```
C R R E D L O F X S L H
U A D S A Z S A T E R I
B E L R Z T F J H G Z G
C P L C A C M T E R D H
E O U P U O S X J K E L
G L L O W L B Q G R S I
O E U N Q V A P E C K G
R V P A B X E T I P S H
B N B Z D B N F O L A T
E E W K E I Z U L R C E
P I L C R E P A P N H R
T O E P R O W B B W R A
```

Words to find:

Printer	Clipboard
Calculator	Fax
Desk	Highlighter
Stapler	Paper Clip
Folder	Envelope

Auto Parts

Can you find all of the words hidden in the puzzle below?

```
W Z K A O E S T I R E J
Z B R A K E S B C A A K
H W Y Y R E T T A B W E
A N E N G I N E M O N W
T I P R K Z Q L J G A L
L Q R D A S H B O A R D
E F C B O C G K B A L C
B G F G A K G E E S G T
T H H E W G D W G Z A W
A O O G J K S G L P R T
E R R E L F F U M M I M
S N S T H G I L D A E H
```

Words to find:

Engine

Muffler

Airbag

Seatbelt

Horn

Tire

Brakes

Battery

Dashboard

Headlights

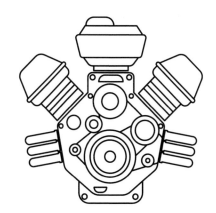

Restaurant

Can you find all of the words hidden in the puzzle below?

```
B E F J S B W R S E H P
I W Y U M G A E Q E L Y
S J J A N Y I Z V R W T
T B H I H U T I C T X N
R S N L Z M R T O N X C
O I J F E I E E J E X J
D I I N M N S P F U R P
Y C U F D M S P N F J C
G N I T A E S A Z T H R
B E V E R A G E C F X J
E S R U O C S P Y K L H
W A I T E R L W A E X T
```

Words to find:

Dining

Waiter

Waitress

Menu

Seating

Appetizer

Beverage

Bistro

Course

Entree

Dogs

Can you find all of the words hidden in the puzzle below?

```
G A W E C A N I N E G U
C W I B E V X U J R P U
D Y S I A R Z H E W X T
B K P J N A G T D K P E
I G K L M M R I O Y P Y
A P B K E I I R D R E D
V L R G E A X B X E C G
S A P V B A S Q T O P N
B I E H T N O H R O Z A
J R M Q A L J Z I B L W
E W H E L P N G C D R Q
F Y C H P W G N K I G O
```

Words to find:

Bark

Whelp

Leash

Trick

Wag

Pedigree

Canine

Alpha

Gnaw

Retrieve

Construction

Can you find all of the words hidden in the puzzle below?

```
H R D G M C L G U B P M
A N E H J R H Y P U N T
R K F M A T W O D I Y D
D G X Z M A E R X L W Q
H B O L S A I O K D A C
A J S P D L H R V V U B
T S F B L U E P R I N T
L H C R H T O O L S A S
X P R R K R E H G N L P
O V N E E W F Q U I U T
P H X Y V W E C A N H B
H C N E R W Z N D S K D
```

Words to find:

Nails   Hammer

Tools   Saw

Hard Hat   Blueprint

Drill   Screw

Wrench   Build

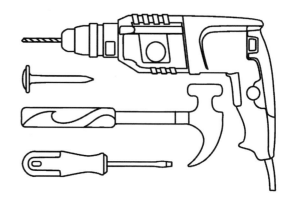

Fast Food

Can you find all of the words hidden in the puzzle below?

```
B W T A A K I T W L P W
Z U K R S A Z A Z Z I P
S W R W I T D C O I S T
H N N G F L N O G J N A
O P J D E P S E S P O D
T Q K V Q R Q D V K J Q
D R I V E T H R U C V A
O G G V F G E E F F O C
G W J I R W V I E M J W
N E K C I H C D E I R F
M C J G E M O S V E A L
W L N O S A N D W I C H
```

Words to find:

Pizza

Burger

Fries

Taco

Soda

Drive-Thru

Coffee

Sandwich

Hotdog

Fried Chicken

Cats

Can you find all of the words hidden in the puzzle below?

```
T V U A A M K W P L S T
R E T T I L I H A E B S
A E I L W Z L L N L C H
X R I M E O W I K R C P
P A G E Q C L I A H P F
T A N B T E T T U E I T
M U W P F T C T G M C U
D I X S E H T G O C G T
D Q B N D F N D F U Q K
V V N F U R N W R D N J
L G S M A Z N Z P H C S
Q G N B E X K K T K C O
```

Words to find:

Feline   Claw

Meow   Tail

Milk   Fur

Scratch   Paws

Litter   Kitten

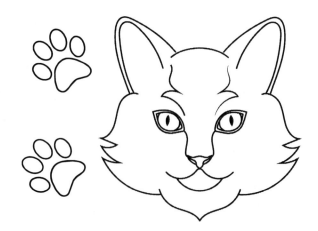

Medical

Can you find all of the words hidden in the puzzle below?

```
G E O A O V C C F Z H I
P X G C M V T Y D O B E
Y U G A W B S T S L N Y
T L U N D W U P R I H Y
N U R S E N I L C Z C E
P W G M E T A I A N H F
B A E P A H D B E N R R
R X T L L E C G P O C F
A U D I M A R T T R A E
C E W N E E D C U V I S
E A H L M N O R I R B M
O B X E F D T O S F C M
```

Words to find:

Doctor

Nurse

Patient

Hospital

Bandage

Medicine

Ambulance

Brace

Crutches

Emergency

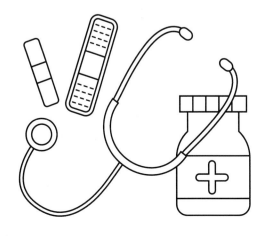

Can you find all of the words hidden in the puzzle below?

```
H P A R G E L E T L R R
L W M A N I X L Y E H O
T E X T A O E N P N U J
A O T M Q T T O V I Q C
O Z F T D E R E Z M K Q
V M O R E T R M H K L E
Q S E I M R U H U I Y A
Q I P M K K R K A B E V
G V G L V Y U M L F Y P
W B B K K F E A A A I B
V O I C E M A I L X X Y
U T C U Z I W V G A R F
```

Words to find:

Email

Text

Letter

Voicemail

Telegraph

Memo

Mail

Fax

Note

Report

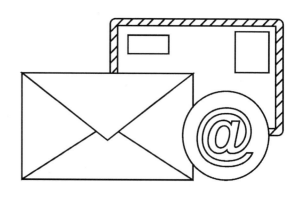

Birthday Party

Can you find all of the words hidden in the puzzle below?

```
S  D  N  E  I  R  F  S  R  C  E  I
S  H  I  I  V  F  G  S  A  S  T  N
N  O  O  L  L  A  B  N  I  E  A  V
L  X  U  D  S  U  D  R  U  M  R  I
G  I  F  T  S  L  P  C  T  A  B  T
U  I  C  K  E  R  N  M  A  G  E  A
S  A  O  S  U  O  H  N  L  K  L  T
D  J  E  S  E  U  M  I  Q  V  E  I
P  A  R  T  Y  F  A  V  O  R  C  O
V  Z  C  V  X  S  M  O  F  S  P  N
U  P  F  H  W  W  K  U  E  G  H  T
D  C  Y  D  H  T  K  V  R  B  E  L
```

Words to find:

Surprise   Celebrate

Gifts   Party Favor

Cake   Invitation

Candles   Friends

Balloon   Games

Library

Can you find all of the words hidden in the puzzle below?

```
D R E N E W A L F U A J
A Y F H N L D L V O T C
T C J G M S E L U Y B T
A A G T D H Y C O M X I
B T O B S S G H J H N Z
A A J K C I T A T I O N
S L O N A I R A R B I L
E O E C N E R E F E R H
B G F W U N L Y Z U V V
N Z N P Y C G I F M W V
B V F R E S E A R C H N
I R J P Y R O G E T A C
```

Words to find:

Bookshelf

Research

Database

Librarian

Category

Hold

Renewal

Reference

Citation

Catalog

Lunch

Can you find all of the words hidden in the puzzle below?

```
C E Q Q L I R H J P E D
C H I P S A C E Y H K H
Z V T K T I Y Z G Q R L
E U S X W U Q B L R E K
D S P D X R C A Y Q U W
N R N L U N C H B O X B
J A I L F K J U U L C L
S U U N A G R J P H O R
D I I E K R P J S K O L
P F R C I O L L E J K J
S B G T E O Z M W T I N
I L O S D H B V H K E S
```

Words to find:

Sandwich   Burger

Lunchbox   Break

Drink   Chips

Burrito   Juice

Jello   Cookie

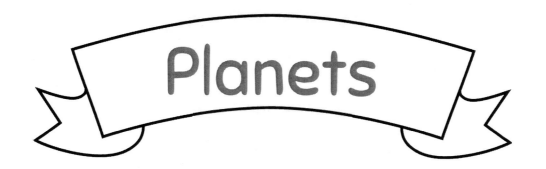

Planets

Can you find all of the words hidden in the puzzle below?

```
S U N E V W N Y N R U R
S H L S B Z R R G E G F
Z U R A N U S Z U Z Z Z
O U D V C E Z Z Q T F W
W Z U R N B Z X M A A G
A A E D E P D A F J S
M M C J N H P F R H X N
J U P I T E R T S O R I
I X I R I D C I U V D I
S R A J Q X P Z L N D L
E E E R A C X J R W E K
Q L R C H W Z M G E Q I
```

Words to find:

Earth

Jupiter

Neptune

Mars

Saturn

Mercury

Uranus

Venus

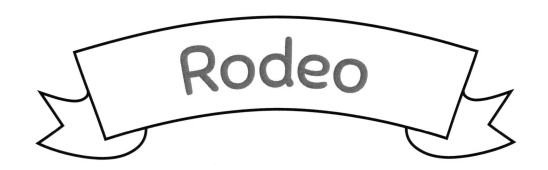

Rodeo

Can you find all of the words hidden in the puzzle below?

```
L  R  I  G  W  O  C  R  H  Z  L  K
C  U  K  X  C  Q  O  I  O  E  I  C
N  T  G  N  N  L  W  Q  O  P  V  B
A  O  O  F  G  Z  B  Z  M  O  E  K
R  R  H  T  H  U  O  B  H  A  S  Y
B  E  E  B  Q  L  Y  A  J  U  T  H
U  W  L  S  A  D  D  L  E  T  O  U
F  D  D  G  I  B  U  L  L  R  C  I
O  E  C  O  N  L  E  Y  S  U  K  G
R  E  I  R  R  A  F  E  K  Q  I  H
E  R  F  U  R  Y  R  A  D  S  U  H
F  D  L  K  M  V  J  W  F  E  Z  I
```

Words to find:

Bronco

Bull

Cowboy

Cowgirl

Wrangler

Saddle

Rope

Livestock

Horse

Farrier

Reptiles

Can you find all of the words hidden in the puzzle below?

```
I X A P L O S I L Y X C
G A S B K I Q M N E R R
U B U C E A Z V Z O S O
A H E K Y R Y A C W S T
N G A B V K L O R K I A
A N H X F X D E I D O G
S R T T P I C N R S K I
T U R T L E K Q V L R L
I W G E F O J V G O Q L
N O E L E M A H C N W A
T O R T O I S E O I S L
J O A C I K G A G H R Q
```

Words to find:

Snake

Turtle

Lizard

Crocodile

Chameleon

Alligator

Gecko

Tortoise

Iguana

Skink

Tropical Fruit

Can you find all of the words hidden in the puzzle below?

```
B  T  W  D  A  A  P  T  Q  R  Z  T
N  V  R  V  N  L  I  J  Y  B  D  X
T  E  A  A  B  P  N  D  R  C  R  J
O  U  N  B  X  M  E  F  I  V  A  A
G  A  E  N  S  O  A  G  K  Q  G  C
B  M  A  N  G  O  P  E  R  P  O  K
P  I  N  Y  S  X  P  C  B  C  N  F
G  P  W  A  I  L  L  B  O  O  F  R
B  A  V  I  I  W  E  N  Q  M  R  U
R  E  E  X  K  R  U  C  J  H  U  I
P  Y  S  N  Z  T  U  K  O  Y  I  T
A  Y  A  P  A  P  O  D  Q  Q  T  H
```

Words to find:

Banana

Mango

Pineapple

Coconut

Papaya

Kiwi

Guava

Durian

Jackfruit

Dragon Fruit

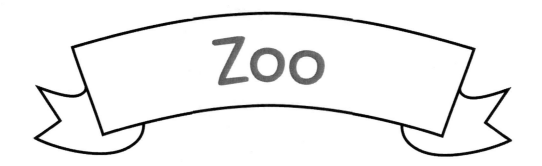

Zoo

Can you find all of the words hidden in the puzzle below?

```
T  I  G  E  R  P  A  E  L  U  B  K
F  G  K  R  J  A  R  L  A  G  C  Q
F  D  A  R  R  N  B  E  E  U  U  Z
T  M  Y  U  E  D  E  P  S  O  U  Y
F  O  T  B  D  A  Z  H  H  Q  J  X
P  E  N  G  U  I  N  A  G  O  R  S
L  V  L  S  A  M  I  N  Z  T  A  X
A  B  Q  A  O  N  U  T  U  F  J  J
P  L  C  N  O  E  F  F  A  R  I  G
I  P  K  I  C  P  N  J  T  O  U  O
B  E  L  D  V  P  S  U  A  Q  V  C
Y  S  O  R  E  C  O  N  I  H  R  X
```

Words to find:

Lion

Tiger

Panda

Monkey

Giraffe

Zebra

Penguin

Elephant

Rhinoceros

Seal

Dancing

Can you find all of the words hidden in the puzzle below?

```
B  B  J  N  Z  O  D  A  M  A  J  V
I  I  R  T  C  I  C  H  P  E  I  B
I  Q  L  S  G  S  A  L  S  A  T  F
B  A  I  X  N  N  S  F  V  G  T  O
W  D  B  T  Q  V  F  W  U  B  E  O
S  Z  W  K  W  H  N  V  A  A  R  C
C  W  H  B  I  K  C  E  D  L  B  Q
W  A  I  P  T  A  N  G  O  L  U  K
X  P  H  N  I  Z  Z  A  J  E  G  P
C  O  A  Q  G  A  S  J  R  T  W  O
P  J  W  T  V  A  Q  L  O  L  G  D
K  U  M  U  V  F  D  V  Y  H  J  Z
```

Words to find:

Waltz   Jazz

Tango   Tap

Swing   Disco

Ballet   Salsa

Hip Hop   Jitterbug

Swimming

Can you find all of the words hidden in the puzzle below?

M	F	X	P	B	O	D	P	E	R	I	F
Q	I	O	P	A	L	A	L	M	E	C	Z
Q	O	W	C	C	C	Y	V	T	L	K	E
L	L	P	S	K	T	Y	U	I	A	F	V
E	M	T	P	S	F	R	J	S	Y	Y	P
M	D	H	E	T	N	L	W	U	N	E	A
S	O	E	S	R	A	S	L	H	O	A	C
U	R	Y	R	O	U	U	T	P	W	N	M
F	A	J	T	K	M	G	H	F	Q	R	I
X	T	I	M	E	R	R	T	E	F	S	W
Z	B	U	T	T	E	R	F	L	Y	Z	S
B	R	E	A	S	T	S	T	R	O	K	E

Words to find:

Freestyle

Breaststroke

Butterfly

Backstroke

Swim Cap

Lap

Pool

Timer

Relay

Turn

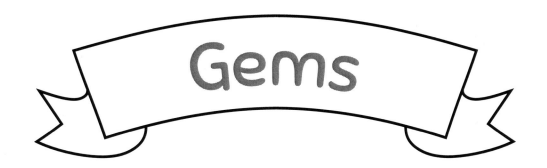

Gems

Can you find all of the words hidden in the puzzle below?

```
T  S  V  L  Z  Z  D  C  D  A  T  V
O  A  L  Y  E  N  K  L  O  A  J  D
P  P  T  A  O  T  A  P  E  A  R  L
A  P  N  M  P  R  S  Y  S  D  M  J
Z  H  A  Y  E  O  O  P  V  A  A  S
H  I  F  M  K  M  E  U  R  D  S  G
D  R  E  S  X  R  A  V  E  F  Y  F
T  E  G  C  R  C  J  T  W  E  T  I
V  G  H  K  O  F  Y  V  I  A  H  N
R  E  B  M  A  C  N  B  H  F  Z  O
V  Y  P  F  P  K  B  F  A  K  W  T
G  O  R  U  B  Y  L  X  T  R  T  V
```

Words to find:

Diamond

Ruby

Sapphire

Jade

Amber

Opal

Emerald

Pearl

Topaz

Jasper

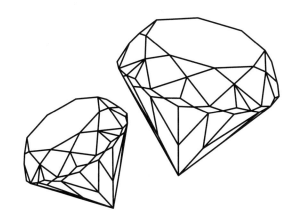

Athletics

Can you find all of the words hidden in the puzzle below?

```
L B U V D Q M E S L R X
W L Q S Q U S G P S F A
N O I T I T E P M O C Z
M T V D C R C U W W A J
C H A M P I O N M F K D
I T P E B T A L F M R Y
S I U Z F E C V N O P Y
A W A D U E H J C N L M
D W D G D J D E T R X E
P T A P H B R G A X K R
S E E R O C S L A N I F
L F A N D J J E Q D V C
```

Words to find:

Stadium

Champion

Award

Coach

Competition

Defeat

Record

Fan

Final Score

League

Fishing

Can you find all of the words hidden in the puzzle below?

```
J  L  F  T  L  P  P  W  P  X  Y  H
P  R  I  B  U  F  Z  D  P  Y  X  O
J  A  O  E  R  L  G  G  H  B  I  S
B  A  T  B  E  D  G  I  G  P  V  H
T  U  Y  T  A  C  K  L  E  B  O  X
I  W  E  H  K  B  C  T  Y  W  T  Z
R  E  E  O  N  J  K  B  C  B  O  K
H  O  O  K  W  A  C  L  I  N  E  X
N  H  D  D  A  H  P  M  E  A  B  Z
E  N  O  V  B  L  N  O  D  B  E  A
T  I  F  A  N  P  F  H  K  A  U  E
R  E  V  I  R  D  E  U  X  K  I  I
```

Words to find:

Hook

Line

Rod

Net

Boat

River

Lake

Bait

Tackle Box

Lure

Sewing

Can you find all of the words hidden in the puzzle below?

```
W  Y  B  Q  Z  E  H  C  T  I  T  S
Y  O  J  M  L  T  I  N  S  H  E  Z
A  R  A  D  Q  H  V  A  D  V  Q  D
B  H  E  A  L  I  L  S  A  P  D  F
Y  E  G  T  T  M  S  E  A  M  P  Q
N  L  D  C  S  B  W  R  P  Q  P  A
F  P  M  G  F  L  T  H  R  E  A  D
B  A  A  K  B  E  O  B  V  V  T  F
S  V  B  H  S  B  F  H  H  F  T  K
F  Q  E  R  B  U  F  T  P  K  E  D
K  M  F  R  I  R  H  J  H  U  R  P
K  Y  K  P  J  C  M  H  R  L  N  Z
```

Words to find:

Needle   Upholstery

Thread   Weave

Fabric   Seam

Thimble   Pattern

Stitch   Hem

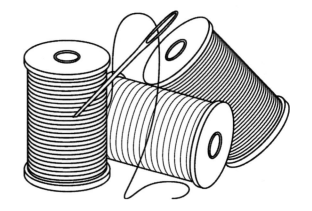

Face

Can you find all of the words hidden in the puzzle below?

```
N  S  R  A  E  H  G  Z  D  H  L  D
O  Z  W  L  X  F  T  T  I  A  H  A
S  S  N  P  R  S  E  U  N  I  D  E
E  Y  E  B  R  O  W  S  O  R  Q  H
L  I  P  S  P  G  Z  X  G  M  T  E
L  V  I  V  W  A  D  C  E  K  O  R
I  Y  F  S  L  J  H  N  I  H  C  O
S  J  E  N  N  E  D  B  M  J  B  F
P  Y  R  O  E  E  N  A  H  S  Z  U
E  R  J  K  I  V  W  L  M  H  W  C
P  S  S  H  O  B  P  J  D  T  U  D
T  U  B  P  A  C  T  V  M  T  I  S
```

Words to find:

Eyes   Eyebrows

Lips   Forehead

Nose   Cheeks

Ears   Hair

Chin   Mouth

 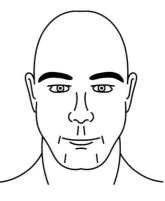

Winter Clothes

Can you find all of the words hidden in the puzzle below?

```
B E A N I E S T O O B T
C H S A G S W X C C A S
A L I Q Q E E O E S C M
R I B T S N A V B L I H
D N C P G T T K O T H S
I I N F U I E Q T L L A
G Y N F Q F R E H J G W
A B J Q R I N V U L X Q
N I X A Q S T E K C A J
J M C E A R M U F F S K
K S F Z H Q Z R P S F I
R Y P A C W V M X B H G
```

Words to find:

Scarf

Beanie

Sweater

Mittens

Jacket

Gloves

Earmuffs

Cardigan

Coat

Boots

Marathon

Can you find all of the words hidden in the puzzle below?

```
S  R  E  T  E  M  O  L  I  K  N  H
T  E  C  N  A  R  U  D  N  E  O  T
R  S  Z  T  A  I  G  B  S  E  I  G
E  W  S  P  M  C  P  G  D  U  T  N
T  R  T  E  H  A  N  I  D  R  I  E
C  V  O  L  H  I  R  P  P  K  R  R
H  D  P  J  N  T  V  M  Y  Z  T  T
I  P  W  I  S  Q  Y  E  F  Y  U  S
N  M  A  R  U  N  N  I  N  G  N  E
G  R  T  X  W  W  Q  U  H  A  L  L
T  B  C  N  T  W  W  W  K  I  N  N
Y  J  H  S  V  Y  Z  F  M  V  M  D
```

Words to find:

Training
Running
Stretching
Kilometer
Nutrition

Mile
Stopwatch
Endurance
Strength
Stride

Warm Weather

Can you find all of the words hidden in the puzzle below?

```
M B U T S U N S H I N E
S U A Y T A E W S P M I
S E G T L R S E C T N O
H B V G S N U Q R K Q V
L C A G Y P J O Q N A D
I N E L A R P O G J W S
K C B N M I D M N T L W
N T G O C Y L I Y J K E
A H T A S O X M M G V L
M O L R E M M U S U P T
Q T O P Z Q Z Z A H H E
J Z F T P S H W P G O R
```

Words to find:

Heat   Humid
Muggy   Sunshine
Hot   Balmy
Tropical   Swelter
Summer   Sweaty

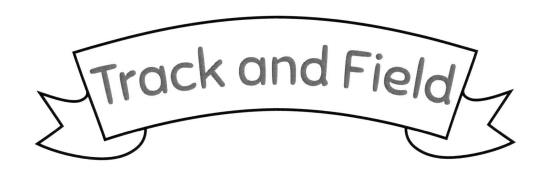

Track and Field

Can you find all of the words hidden in the puzzle below?

M	S	R	S	P	H	U	F	T	D	T	N
A	B	U	L	O	P	L	L	X	W	R	T
R	A	P	C	P	M	U	J	H	G	I	H
A	T	K	V	S	A	T	T	H	M	J	K
T	O	O	W	V	I	U	N	H	Y	B	C
H	N	W	E	B	P	D	C	I	C	R	U
O	E	L	A	T	M	M	R	N	R	P	K
N	O	L	O	N	G	J	U	M	P	P	G
P	A	H	H	U	R	D	L	E	P	D	S
I	S	E	C	A	R	Y	A	L	E	R	S
G	W	O	K	C	V	D	M	Y	U	E	F
K	T	X	L	J	W	H	B	C	A	T	O

Words to find:

Pole Vault   Shot Put

Long Jump   Hurdle

Marathon   Baton

High Jump   Discus

Relay Race   Sprint

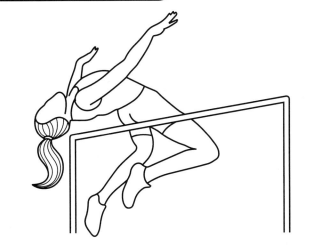

Cold Weather

Can you find all of the words hidden in the puzzle below?

```
E K M D M F W D C R O Z
P L L K R K R S T O R M
F H C O K A C H I L L Y
T R S I Z Z W V X X R S
A T I Z C I T C Q E N N
A L I G N I Q V P X L O
H L I D I B H P W K Z W
B Q Y U B D I L X O W F
N H S F C L Q A S D O L
H R M A S Y K M B H T A
P W W L E X K H O W T K
D F K R E T N I W E A E
```

Words to find:

Blizzard

Chilly

Frigid

Frost

Winter

Icicle

Slippery

Storm

Snowflake

Windy

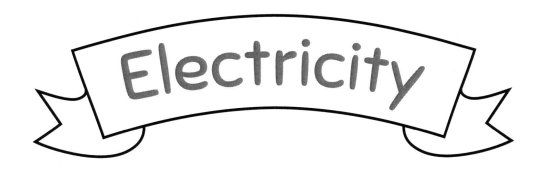

Electricity

Can you find all of the words hidden in the puzzle below?

```
Z  V  I  J  S  C  B  F  E  M  C  L
T  L  M  O  I  T  N  E  R  R  U  C
W  O  L  T  W  E  C  F  P  T  E  R
S  A  A  W  I  R  E  S  I  N  L  Q
R  T  R  A  C  G  S  U  O  A  E  O
S  E  D  E  Q  H  C  D  X  N  C  I
Y  H  G  W  V  R  A  V  N  L  T  D
O  S  X  A  I  V  J  R  V  B  R  A
C  H  J  C  T  K  Q  C  G  R  O  R
W  A  T  T  E  L  N  K  Q  E  N  M
K  C  C  T  H  A  O  U  O  H  H  Z
O  P  R  E  W  O  P  V  Y  D  S  B
```

Words to find:

Static

Wires

Power

Charge

Solar

Current

Voltage

Circuit

Watt

Electron

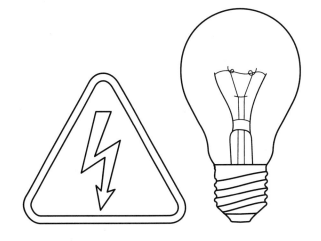

Baseball

Can you find all of the words hidden in the puzzle below?

```
D D L E I F N I M E H E
I R D I A C F W O S R B
A E E M X S J U I I P A
M P O T V X T W P F O S
O B X T T F N M H H N E
N X W A I A U S A P F S
D Z B E P H B N E B W U
M R L E T A L P E M O H
Y D B E P I T C H E R H
H C O A C H F F D U V W
A X L D K I N X X Q H I
D I G T Q N J W K G G J
```

Words to find:

Pitcher

Diamond

Outfield

Infield

Home Plate

Batter

Umpire

Coach

Bases

Bat

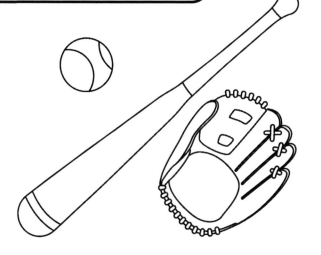

Galaxy

Can you find all of the words hidden in the puzzle below?

```
R O E T E M S P O F T A
N R Y E Q T R S L I I K
S N L C E E Q Q P W V J
M O O L R Y T I V A R G
G T L A E G U B M N C Z
V A T A L S W Z O N G E
R S V J R F P G O J V J
E C Y A A R I I N K G E
M I L K Y W A Y L T H T
Y Y L F K G K R D C T S
I K A Z R Z A X G D E U
P L A N E T U K Q T Y U
```

Words to find:

Star

Planet

Space

Stellar

Gravity

Eclipse

Milky Way

Solar

Moon

Meteor

Football

Can you find all of the words hidden in the puzzle below?

```
G C Q D U T P Y V I K F
H T S L E O J T M E Q Q
X Y N M K U C L E A T S
E Z L U Z C A A U D X E
O E Z T P H M N V E W Y
H W I P X D J E N E N B
F L U M G O F P B V P H
B M M Z K W Q U U S M Y
B F F O D N A H M K W U
N W O D T S R I F B E R
F A C E M A S K W E L M
V O S H J K N Q G H Q E
```

Words to find:

Helmet

Face Mask

Touchdown

First Down

Penalty

Blitz

Cleats

Fumble

Handoff

Punt

Internet

Can you find all of the words hidden in the puzzle below?

```
U A E G A P E M O H R N
P T K O P T T Y W A E M
L H T D I W D N A B P N
O Z K S D O W N L O A D
A R B U R L E E M T H A
D E O L B S V T F G R O
W K P U W U Y W R S O U
L L S O T V T O L R Q D
I I R Q Y E O R T R O W
G B A S K D R K N S R G
U S Y M B B M Q N N Z Z
L S A R E E B E A P J H
```

Words to find:

Website   Browse

Download   URL

Upload   Router

Bandwidth   Network

Homepage   Email

Christmas Tree

Can you find all of the words hidden in the puzzle below?

```
R  T  J  Z  M  S  A  H  H  T  B  J
K  E  F  F  T  G  K  J  C  I  C  V
C  F  V  H  P  R  E  S  E  N  T  S
I  N  G  E  E  D  Z  M  D  S  G  R
O  I  K  O  R  V  N  E  A  E  Y  I
L  E  G  N  A  G  C  A  B  L  F  B
A  G  L  B  H  O  R  L  L  X  Z  B
U  N  O  D  R  Y  U  E  V  R  D  O
Z  I  B  A  K  B  G  G  E  G  A  N
C  S  T  O  R  N  A  M  E  N  T  G
Y  E  L  L  M  C  I  Y  T  H  J  B
J  I  A  T  I  A  R  N  N  L  L  K
```

Words to find:

Garland   Angel
Presents   Lights
Evergreen   Bulb
Ornament   Tinsel
Decorate   Ribbon

Summer Activities

Can you find all of the words hidden in the puzzle below?

```
E J F K R G J N N B L W
D H U A N L N O K E A A
G J L I I X T F K A C T
D N K A Z N I K T C O E
M I I D I S N C C H N R
H A J M H P I C N I C P
H L D I M Y D R M X E A
Y A N Y M I R D E F R R
B G N Y Q D W J Z F T K
I Q T D N A D S K H Z J
X D V A C A T I O N F X
S I G H T S E E I N G Z
```

Words to find:

Badminton

Swimming

Picnic

Hiking

Waterpark

Vacation

Fishing

Concert

Beach

Sightseeing

Piano

Can you find all of the words hidden in the puzzle below?

```
S  H  E  E  T  M  U  S  I  C  Z  F
S  W  J  G  S  E  E  Z  H  B  L  H
T  G  T  R  U  L  M  L  A  X  W  I
D  Q  Z  C  T  O  T  S  B  P  P  L
Z  W  V  C  V  D  S  U  T  E  D  Z
S  E  T  O  N  Y  N  L  N  R  R  T
P  Q  S  N  Z  V  K  Y  F  E  S  T
E  Y  T  T  W  E  X  Z  E  N  C  B
D  N  T  I  Y  O  L  O  S  U  G  O
A  K  Z  S  C  O  M  P  O  S  E  R
L  N  N  W  E  U  H  S  O  H  E  O
S  B  W  X  V  Z  L  F  I  Q  E  V
```

Words to find:

Sheet Music   Keys

Melody   Tune

Composer   Notes

Pedals   Bass

Treble   Solo

Soccer

Can you find all of the words hidden in the puzzle below?

```
X J K L G Z O R Z Q M Z
K Z A D E P T Q M N R X
C O T O E A Y E O I O V
G K L L A S C E A P F D
R B Q B A S G O E M I I
H A M K R Z L N D A N M
D K C I K Z A W X J U E
I R R X C L E A T P K X
H N L L T R E F E R E E
J Z B Y J Z T G V K E H
D R A U G N I H S R C I
S C O R E B O A R D R A
```

Words to find:

Goal

Cleat

Team

Pass

Kick

Penalty

Uniform

Referee

Shin Guard

Scoreboard

Guitar

Can you find all of the words hidden in the puzzle below?

```
N M W E M G N I N U T T
E G H U U Q T K M H X Z
C U R T S T R I N G S C
K T H T Y I X L L U I L
S T T R D H R B K R O A
N T O J S G R R T I M S
U C E J D L Y C M P U S
K L K C I P E O R O B I
T V K R B L I P V B D C
E M Q C E E F T Z I M A
A C O U S T I C P Z S L
U F M L D L F Z A Y Z Z
```

Words to find:

Strum   Electric

Strings   Acoustic

Neck   Classical

Tuning   Rock

Rhythm   Pick

Barbecue

Can you find all of the words hidden in the puzzle below?

```
W A L S E L O C R C R G
N X A U D W H M O I X K
J B P T N M T O Y L B Z
U G R I L L K C O E C S
E Z D S X O V R K J T G
Q T H T U C W O R A H C
R F A T Z N M R O A S T
X E R N K S M L B E F V
Q L G A I K H Y Y A J A
S A E R O R U Y D R B V
O T V L U B A L F W T L
S E P I P B E M K D Y A
```

Words to find:

Steak   Marinate

Grill   Smoke

Ribs   Cookout

Roast   Coleslaw

Char   Burger

Singing

Can you find all of the words hidden in the puzzle below?

```
S N M Y H S V A U G B V
Z S U B U O O E R Y U B
A F D R Y E C K D E O B
C H O I R U A O Y C P R
S H B O C S L S D A X O
C U O T G E N U X R T B
G N I M M U H X D O E I
D I A P H R A G M L C P
Q I V F B G T L T S J E
J N Q V L S R I W C N V
S Z F S M U N F Y L K W
R O E H Z G E G K O O E
```

Words to find:

Chorus

Choir

Vocal

Hymn

Opera

Melody

Diaphragm

Carol

Belting

Humming

Aquarium

Can you find all of the words hidden in the puzzle below?

```
D  Q  C  A  K  F  S  D  S  W  K  A
U  E  F  R  R  T  U  A  V  O  X  K
R  N  A  H  I  Y  L  S  G  V  V  M
Y  H  D  X  M  T  L  E  A  G  L  A
S  W  M  E  W  Q  S  T  A  N  K  R
S  L  L  A  R  U  D  C  I  S  P  I
C  T  T  A  P  W  A  C  Z  Z  G  N
W  E  B  O  R  F  A  Y  P  B  V  E
R  Y  T  V  I  O  E  T  F  I  S  H
Y  C  R  N  A  B  C  V  E  D  T  E
O  T  S  O  W  D  Y  R  H  R  U  T
H  K  H  Y  X  V  H  R  S  O  J  Y
```

Words to find:

Shark   Coral

Octopus   Fish

Underwater   Tank

Saltwater   Algae

Marine   Fins

Artwork

Can you find all of the words hidden in the puzzle below?

```
P T I B I H X E E G Y U
O F W B S L F R N R Y N
T T D L V A U F E P N U
T F L D N T P L J W W X
E I X Q P O L N Z J Z J
R M A L P A I N T I N G
Y L U R G S K E T C H O
S C J R T U K H I K V C
S R T J A R S H U S O S
M K K U E L O J W N Q E
T K I B N O K P H Y A R
E C E I P R E T S A M F
```

Words to find:

Painting

Mural

Pottery

Exhibit

Portrait

Gallery

Sketch

Sculpture

Masterpiece

Fresco

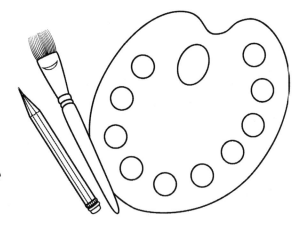

Acting

Can you find all of the words hidden in the puzzle below?

```
S  E  E  M  G  W  V  R  B  T  Z  N
C  C  T  Q  E  L  O  A  N  Z  U  H
E  E  B  R  Y  T  C  A  M  E  R  A
N  P  C  Y  C  K  J  Z  T  X  E  T
E  D  R  E  S  G  Z  Y  I  S  L  B
I  H  R  T  I  S  M  W  F  Q  A  O
N  I  A  J  C  E  M  U  T  S  O  C
D  G  R  R  H  H  Z  X  E  O  E  H
E  Z  I  F  X  A  C  Y  A  D  J  T
X  P  D  R  A  M  A  O  B  U  D  M
T  X  L  W  V  U  M  Y  B  Q  W  E
X  G  J  R  A  V  T  G  G  N  E  Q
```

Words to find:

Director   Cast

Camera   Crew

Scene   Drama

Backstage   Set

Costume   Script

Backyard

Can you find all of the words hidden in the puzzle below?

```
R E L K N I R P S V X A
A R V B E W T E T V P Y
Z S I E W H S F O M R M
J B U W Z U Z K E B K X
O G W W O H C N A N O N
C S N H F L A W N B C Y
Z U G I W Q N T D Y O E
R O H Z W Q G N R B S J
D S O F J S A X Q E H X
S Y S N K S G A R D E N
U I E B N W G D V H D S
N L Z X M B C V X W V P
```

Words to find:

Trees   Swing
Lawn   Sandbox
Fence   Garden
Hose   Doghouse
Shed   Sprinkler

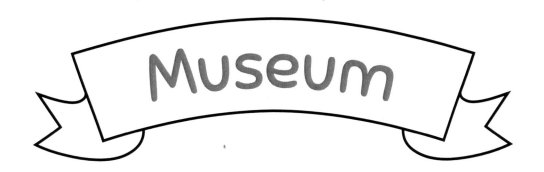

Museum

Can you find all of the words hidden in the puzzle below?

```
E  W  A  J  M  Y  R  E  L  L  A  G
L  X  C  O  L  L  E  C  T  I  O  N
A  W  H  W  T  C  A  F  I  T  R  A
R  M  N  I  N  C  J  O  S  H  E  N
U  P  L  P  B  H  P  F  K  Z  P  R
M  Q  J  T  I  I  Q  S  Q  I  O  O
L  A  C  I  R  O  T  S  I  H  C  T
G  H  F  I  G  A  G  I  Z  N  G  A
W  I  Z  A  T  W  O  W  O  W  H  R
G  I  Z  U  G  J  K  E  G  N  G  U
M  M  E  Z  S  M  I  M  E  K  X  C
W  E  C  N  A  S  S  I  A  N  E  R
```

Words to find:

Gallery

Exhibition

Renaissance

Collection

Historical

Art

Statue

Curator

Artifact

Mural

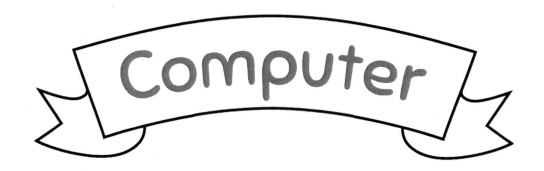

Computer

Can you find all of the words hidden in the puzzle below?

```
M R E K A E P S F E D S O X M
T O X W V C H O V R O K B B H
P C U J T R K I A F D K H F H
Y R J S N U R O T P R D X O J
Y V O B E D B W P O T K S E D
R T V C D Y A P E F M V H M T
Z G G R E R H V F E O A Y U C
M D A K E S X G Q E N G C G S
D H R G S V S Q V B I B E K V
X X P O C S Q O G S T S K V Q
I V V A W F W N R N O W N M F
F C B O T S N U Q U R U C W J
Y L G C Z A S Z S H S J S O U
E T J S A N H A O W K U W I I
R K A D Z A J I P Y K R F D F
```

Words to find:

Keyboard

Mouse

Monitor

Cable

Speaker

Password

Hard Drive

Processor

Software

Desktop

Adventure

Can you find all of the words hidden in the puzzle below?

```
T M H S B Y S N C V L F Z U J
D E T R A H C N U E J R Z W A
Q U Y U W G A P V B O G W J H
U V I F J P A A W E U O Q W J
C D P K V Y R K V X R T R I P
N R I Z D T V E J P N P B J P
W I C S I L R O H E E W J A O
X R L E C O I S T R Y K I I B
F S V V L O D W T I V O N X B
A R W P Y X V H O E Y I V E T
C L X D A L X E P N B B S Q Y
O E B R A V E X R C B M U O H
R O L P B A C L L E F E T V H
P D M O F C G G B T S F U R Z
L G Z Z G V T G T T Y T J X W
```

Words to find:

Explore

Trip

Discover

Experience

Uncharted

Quest

Wild

Travel

Brave

Journey

Seating

Can you find all of the words hidden in the puzzle below?

```
A K C Y P F E L G B Z N M D U
B E N C H C Q V O S I E V O E
R C H Z O M T J R O V M I E M
R M M U G P U J J F T M N R A
E C C C M B B Q W A N S I L R
C H K M U W W Y Y W U A J I R
L P Q D Z S P S T G H D A Q V
I F V Z R S H H U C S H A Y I
N X P Y X U Y I N X C R V E N
E N O R H T Y W O L M Z V P B
R A Q V I B N B E N C Q F I Z
S U P M F U K E C W W E F L K
I K Q P V A H A M M J D B X Z
K L B O X W Y D Z Q N A U J T
R O X N W P P E W W E I L U V
```

Words to find:

Sofa

Recliner

Bench

Cushion

Wheelchair

Throne

Stool

Couch

Pew

Chair

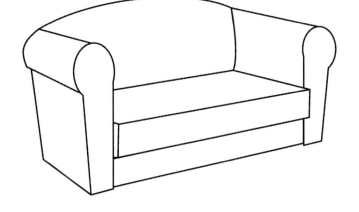

Rainforest

Can you find all of the words hidden in the puzzle below?

```
P E R Y S B U R H S O I L T B
T X T E R J Y G Z T T D G U O
R R N A J V D U T D Y Z C T L
G I M M U S U C G C B D M O O
V Q Q D Z I N J I N A H B K M
P U H L S Y L G M T E J P K C
P H J E N K E C L R A L P R U
W I L D L I F E T E A E W N Y
T J L E P J Q I V E O U X Z L
I I Y O B G W R I X J F T G H
N E M C C H F Y V T K N F L V
S Q N B Y T A I U W A M V P R
E D A O E T C L R L H O Z J T
C V Q K U R A Y P B P N I K I
T R T W F O H S H V F B I X X
```

Words to find:

Vines

Wildlife

Jungle

Tree

Shrub

Climate

Plant

Soil

Timber

Insect

The Arctic

Can you find all of the words hidden in the puzzle below?

```
F A F A D R B G F Z Z J I C E
R U A J R Z X Q P P L U Q V D
O R L N A E C O C I T C R A O
Z O N H X O L Q C X E U S H S
E R S S J A L Q V L J G P K K
N A H X R Z J Y O B U Z Q A F
A E L B B S A P Y Z L B P F X
Y R E V C I H W Z J Y M K G C
U A D E J T K C H M U K J Z Q
R L M N R C O L D W I N T E R
Z V N O U X P J B W B T C C R
L B N L R T T N O S B U R K Y
Z S T H G I L N R E H T R O N
B J K L O D S D U H S K D Q E
H F Y J L L P Q I W X P E U U
```

Words to find:

Snow

Ice

Frozen

Tundra

Aurora

Polar Bear

North Pole

Cold Winter

Northern Lights

Arctic Ocean

Safari

Can you find all of the words hidden in the puzzle below?

```
A B A C K P A C K N L T S C G
F E T U D A X V O W I L R B B
R J J T X G G I S M R C A S U
I P S A Z Y T T X X H K L O T
C U U E S I S Z Z T F Z U O H
A X B T D J K N I I H A C J X
K R Z E C O M P A S S Z O Z Z
A L P A Q A W B V X E K N N M
F X I X B A P I D T K K I A H
E H Z O R K V D U V M N B X A
Q U P T N B W V I Q N T U A T
J Y H U B Y G Q Y S U I T J E
A O U T B G L C V D L X B N E
G H M P Z D J S T G H V K H H
E F F A R I G L U H Z A U D C
```

Words to find:

Cheetah

Lion

Giraffe

Africa

Zebra

Compass

Binoculars

Backpack

Expedition

Warthog

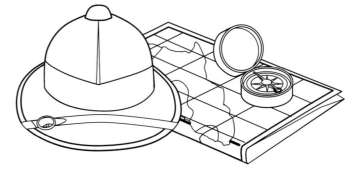

Hamburger

Can you find all of the words hidden in the puzzle below?

```
J M H J Y U T O F I V X T L W
T E X V W O B K E T C H U P A
S U G P M G R I L L L W E J X
R X J A T G M T N R V S X U M
M L T X X H I W D Y I A Y P R
F O E N O I N O Z A R D J P X
W Y O T C H Y R N V C I S I L
O G I D T T E N H Y M M D C P
E I O J T U O T B P J V H K N
M K L A A Y C X X F H L N L D
F S P C A F G E C R R V N E W
P C A M I W P Z O M V I G U W
T Y W T A B K K H I K H E E B
J L P W O K T Q R S E K H S W
M Q R K O U N Q H H G E O A A
```

Words to find:

Mayonnaise

Ketchup

Lettuce

Tomato

Onion

Bun

Patty

Grill

Fries

Pickle

Fitness

Can you find all of the words hidden in the puzzle below?

```
S Q E G V E B G I Y D J X W X
I W I S A T W T G N D A F Z N
T K R P I M N R L O W E C L J
U C T Q Q C U G O J E L G F Q
P J H O L N R P W O I Q A R G
S M G U R W C E C D G J R I R
L D V I A B W W X O H G Z Y X
C A S V U E N S Y E T E A I I
E Z M Q L V L Q H Q L Y R P S
P U C C U P U S H U P S M R A
I S S S E A E V Z S Z U L D R
C U D I E T T M M V J C Z N Q
M H V X T F L H V Q B L S F K
A D O N G C X R Y U P U M J A
O G P T A O P V S L H X U N M
```

Words to find:

Jump

Pushups

Situps

Run

Jog

Exercise

Muscle

Diet

Squat

Weight

Yardwork

Can you find all of the words hidden in the puzzle below?

```
W S E B L N N F Q T V Y E M F
A K Q P E W C X R R K T V O E
T K Q L A W I K U T R V L R
E I R L E C M K L Q P Z M V T
R P W E I L S N W R K G Z I I
A O D A E T S D L J Y U B X L
M O P V H J R K N P C E H S I
X A O W H E E L B A R R O W Z
M H C Y M H B Q X U L R I P E
S V U P J V G F W S C M P Y V
Q Q Y S N E K A R M E X A V X
S R V H Z B E L O H V L C L Z
Y C Z O N P O I R A M K V S J
B D S S U E C I Q I T H N C I
R H J Q M G A R D E N S X I S
```

Words to find:

Garden   Landscape

Shovel   Mow Lawn

Water   Wheelbarrow

Weed   Fertilize

Rake   Trim

Bank

Can you find all of the words hidden in the puzzle below?

```
U A J D Y Q S N G O T F C D G
H C E E V H A O K S H J V D P
X C N W O N O S E W Y C K B D
G O C H E C K R U F R M M R L
M U Z W P A E V R C A Z N O C
E N K S I T G H F Q B T A J A
Q T G R N T A T M T I N G T S
D K K I K U H V M K I L O O H
N Y R Z C Y Z D U S H B Q X L
Z I H L S W B E R R Z E E H R
P T E Q S G I M E A M W V D F
A H N L R U Z U M Z W W J H K
T I D E R C U E J S U H G F Z
I K W G L C Y F R T H L V S N
D K Q M X E X F V Z W Q U F X
```

Words to find:

Money

Check

Account

Loan

Credit

Debit

Interest

ATM

Withdraw

Cash

Sailing

Can you find all of the words hidden in the puzzle below?

```
B J R X O R T C X R W X Z T T
O G K D Z K X W Q V C K S G J
Y C J J I O A M M B O A R Q X
J P T Y O Y I N B B M I V Y P
J A H N Q M Y T N I W O B Y U
C H A G Q S P S O I R R X X V
Z S R J Q O E D T Y B K B B P
I F B R R M E C E S T C Y Y
F B O T S P E D R B R D U L V
E J R W S B D D M T A N Q L X
B O A T E K G O D F C G R T L
T D M D A F S Z C U D D X W S
H V N C F X J P O K R H J T T
I I E F V D V Y W J Y N S L Z
W S F Q O B T C U O N W A R D
```

Words to find:

Wind   Bow

Boat   Rudder

Dock   Mast

Harbor   Onward

Port   Stern

Coffee

Can you find all of the words hidden in the puzzle below?

```
M C E N F I L T E R A G G C L
H G A E H V J X F T R Y A W L
U E U U S W J J S I Z F W O W
B Z A M L P D I N F F Q G I Z
I F Y A N G R D K E T S A O R
Z E I G K A D E I N C C A F W
X K X X B C L N S C W U K I L
C Q C W U T E S R S Y Q K L L
E R S A B G X X R A O D J B K
O B E T Z I Z H B K P E G J F
V Z J A B O K S R B R E W L M
F L R V M B Y M C X H Z S G C
L R N K Q E Y H E W P M M H V
P V X G Z Y R H X P K L J F W
A V G C N K Q H N S V K W H N
```

Words to find:

Bean

Filter

Espresso

Grind

Roast

Mug

Barista

Brew

Creamer

Caffeine

City Life

Can you find all of the words hidden in the puzzle below?

```
R E T A E H T I A H U O S L L
O G P Z K F B W X G T Z H B P
T X J S R Q K Y Z A Z M O H N
R B M O U J R P K R T I P O L
A J D D L B P P E R X S P P T
F R Y N E T W P P V Q C I Y J
F A Q U N W A A C Q I A N I Z
I M E P A R X K Y B Z I G O A
C K C N C H G L Y Z Q R M K G
R E I S N X K M N L G P A Z U
A Y Y D O W N T O W N O L W H
W K Q N G S K F C C Y R L E U
S Y P A R K I N G M E T E R Z
N O I T A T S S U B H V C H T
S B R P P P D S Z Y R G D R F
```

Words to find:

Traffic

Subway

Airport

Taxi

Theater

Skyscraper

Downtown

Parking Meter

Shopping Mall

Bus Station

Gardening

Can you find all of the words hidden in the puzzle below?

```
F I S L Q B G S T M I M M W W
H O E T V R E H R Y N N L O T
P L A N T E H G O U L D R U M
L F N H D S A T W D G O H K
Y C H X O X O X E R Q R X J Z
J R J Y L G K P L L P Q M P K
E S O H D B W L M S M Z Y Y T
J V C Z A T W M J O S Y R S P
D D W E B K E D S Z C V E T R
U M E P R K S I N O C E A Z X
X L U R V K G O G Q N K P Q W
N P M D W E F C W K H Q K Q Y
G Q B L L O B Y K S D N N K Q
L L D M V Q X U K L J M X L O
J X I X Q Q O X W W F C O Y A
```

Words to find:

Grow

Plant

Sow

Reap

Seed

Hose

Compost

Sprout

Hoe

Trowel

Hiking

Can you find all of the words hidden in the puzzle below?

```
T S S A P M O C Z P Z W A U Z
R G L A F T L Z S T A E K X P
A Z V B G J P W M W K M V E C
I G B X H G I J R J B I C K A
L B O O T S E E J M E L I N O
M O U N T A I N I W J T I P P
N M C C B N G L R X K A E C I
O Q P T A S C O Q A R O I P R
L F L E P I F H M R D J Z L V
J G P C T G T M E N O D V Q F
D Z H A C R V T P A U X T I K
E K B W T D E G B T Z J J Q C
Y W I Q A X O K N U R T C B Q
N V Y M U A V E U R R Y N I B
F K O B B R I O R E W I V V O
```

Words to find:

Climb   Terrain

Boots   Mountain

Trail   Trek

Compass   Nature

Map   View

Farm

Can you find all of the words hidden in the puzzle below?

```
D  L  E  I  F  Z  R  T  C  P  G  H  A  J  B
X  F  U  P  R  O  I  U  S  T  B  F  T  L  N
H  A  F  B  T  S  C  M  U  E  B  V  I  Q  Z
A  K  N  C  A  R  I  X  A  T  V  K  L  L  S
Y  Q  A  Q  Z  M  H  L  X  C  C  R  L  R  W
S  R  G  Q  T  I  G  C  O  Y  R  W  A  V  B
T  E  B  A  R  N  D  E  O  T  W  E  T  H  G
A  F  S  B  I  N  V  N  H  F  T  I  A  T  T
C  K  Z  J  A  F  O  N  K  H  M  D  D  G  P
K  O  W  L  U  O  O  J  N  J  V  I  W  U  E
Y  U  E  P  W  Q  P  F  T  K  V  M  N  O  G
Y  E  V  K  R  G  I  A  I  P  E  L  P  H  N
J  H  X  V  O  Z  E  N  L  E  L  U  S  A  G
N  V  T  X  V  M  F  G  I  F  X  P  Z  T  T
X  R  O  O  S  T  E  R  P  P  A  Q  B  X  T
```

Words to find:

Tractor	Barn
Harvest	Land
Acreage	Field
Haystack	Silo
Rooster	Till

Rafting

Can you find all of the words hidden in the puzzle below?

```
M T Z N R S S E N R E D L I W
U Q E E L T D N U S V P N B Z
X B V K A R V L R W W L U A W
Y I P O C E B U D I I Z S O P
R H L G X A B K C F C Y C N Y
R F R G L M J D Q T T W Z P X
U N V Z W T R E B M E Q G O Z
X P A D D L E I F T G A Z J V
Z C V Q B D O S D I D M H W H
R N F T E N O N O E L J F Y B
H U W H I T E W A T E R J Z D
D T C J C F J H K M O E U S D
H Q T P Z S D B S F O Y R C H
F K Q Y C E V D A T H Y K R O
Q S H W P G A U H X E X T L Z
```

Words to find:

Paddle

Whitewater

Stream

Wilderness

Life Jacket

Float

River

Ride

Swift

Wet

Pastries

Can you find all of the words hidden in the puzzle below?

```
C E W N P W Z I K F D D E W K
A I W M R T N L E Z T E R P W
C W N W V J J G H A A E W T Z
R A W N I T W I B G J K K U L
O W L W A P P L E P I E L R E
I A W R W M W A W G H H N N L
S N T N W V O Z Z S S A E O E
S V W A C D W N A D F W C V S
A F G G J A N W R S S C W E U
N W C K K O W M A O W K Z R E
T B A C R Z B W M C L Z A Z R
W A Z A W C B A C A W L E E T
V H C W S T R U D E L W A C S
W A C Y Y L T U N H G U O D W
M Q S C V G H I Y F D X K J P
```

Words to find:

Tart

Doughnut

Apple Pie

Cinnamon Roll

Croissant

Streusel

Macaron

Pretzel

Strudel

Turnover

Springtime

Can you find all of the words hidden in the puzzle below?

```
A X L Q T H P J B S H O Z M A
B P I L U T B U T T E R F L Y
E L D S A I O C G Y P P Z B X
A F O K Q B T S J X X C N Q A
S H T O H H E P Z W J S K J O
T D A N M A E S F S L E M M P
E S F J Q A N R A S X O Z R Z
R W B N K E A L F B S R N Q U
K Z I Z R M S H L S X Y Z R S
O A G R E E N I O B H D E V V
R D J K F X N L W R P B F M J
H Q R C B M B V E M I B S X L
D Y J Q A W I X R R V M G J J
F J I L D X Y K T S F X B G N
G R Z U S Y X H Q B B P F Q I
```

Words to find:

Rain

Green

Bloom

Flower

Rebirth

Tulip

Baseball

Blossom

Butterfly

Easter

Volleyball

Can you find all of the words hidden in the puzzle below?

```
T U I B G Z C V V S D T A E S
S E S I D E L I N E G F C D R
V J S R B W S P Y Y E D B B E
W C V L S V E G A B B J G Q F
K D O S E J R R W S S E G Q Z
B C B K E Z V D K K S G Z J M
K C I F A N E T H C T A M O F
C P C Q H T F V G X C K Z R I
S O A Z A V C T Z G A W F Z U
O Y U T M I E P V U B S P H Z
G W O R B B L Y Q F J F Z J G
T R Q R T Y D X I T S B C M C
Z J B Y S F K D P T H R A B K
D N N J Y G Z W B X H J R J F
X K M N Q M N T M P F R U S X
```

Words to find:

Spike	Match
Net	Set
Court	Rotate
Serve	Sideline
Block	Pass

Olympics

Can you find all of the words hidden in the puzzle below?

```
Y F I L A U Q V A N T H E M O
M F G K I Z X I O H T W N B O
C O M P E T E C H B U C G R I
R I C M P L H T I R D G R O L
I X V N U V P O L W A L T A V
F R O J A D Q R U M I N C D O
O B S B D U U Y E N A W D C L
R D R B O T Q S E T U I Y A P
R O T A T C E P S U M U D S F
S D R V K Z K E Q I N E A T E
N S W R N E T O A G M E N E U
L L T B N N E N M S X H V R K
R Z Z F O R P Z C M X H F L Z
A H H C K F X Y N L I H G G G
L Y A O J B B R Y N E C G B A
```

Words to find:

Medal

Compete

Victory

Games

Spectator

Venue

Contestant

Anthem

Broadcaster

Qualify

Autumn

Can you find all of the words hidden in the puzzle below?

```
F T Q M N H T H W O X A U K Z
O Y S D Y U N J B Z H L S U N
O V K E E O B I X N G Q N H U
T H F E V Q C S Q R J A T E C
B X A V I R A K G B C E T O D
A R O Y M R A A W J F K R R W
L X Q M P U M H J C K N E O S
L E I P N I K P M U P D R Q Q
I O E G T Q F Y Z W I C X J U
Z H A Y B L I H A C E F J X A
Q K U R W Y G G C R Z Y X T S
F W A A I K S H A O D G X D H
Y I D L F I X C P P C R E P I
O S P Y U I S I V A C O R N N
F A L L I N G L E A V E S A N
```

Words to find:

Cider

Acorn

Football

Corn

Hay

Harvest

Scarecrow

Falling Leaves

Pumpkin Pie

Squash

Jewelry

Can you find all of the words hidden in the puzzle below?

```
B F T K V U G T N A D N E P Q
R N H J C N B X M Y K P P B K
A G P Z I U O E I Y D M W E C
C N X R A N S Q Q Y S C Y X C
E K R C M M Z M O D Q K F U G
L A Z K W S S H X J H J F N W
E H C T A W D G A I C F I A J
T O E B I S E A Z I L R S S M
J N E C K L A C E I R E X D V
S U D J B I Y N N B V C F T T
N J I R S T Q K R A N K L E T
Q U P Z M Q W Y C N M Z K I A
V O O W V W D E N N D Z Q P P
Q Q Q E U P R O B E Y T J W G
J Q R Y N D C O G X K P R V O
```

Words to find:

Ring

Necklace

Bracelet

Cufflink

Watch

Beads

Earring

Anklet

Hair Clip

Pendant

Gymnastics

Can you find all of the words hidden in the puzzle below?

```
L E C N A L A B D T S G N I R
A T L Z X D W N L D W O G I J
N B X Z U S A U Y O L I N F O
D T Y J C T A Z O V I S S M R
I P O D S S J W I A C X F T U
N K V D R B T U Q T J C Z I
G Y N E W C U N O L N F X Z R
T A M H V O U N U T S Q Z L H
H O P O M M E L H O R S E W U
S Q T W W H C J N I M D N K D
T R A M P O L I N E Y S R B V
M J K R E I J Q G K P L I D Q
F B I M B C M U X G L S L D B
H L Y G R A D B G W G F O H O
L H R Y K B C S O B X U Q I O
```

Words to find:

Somersault

Pommel Horse

Handstand

Trampoline

Dismount

Landing

Balance

Twist

Vault

Rings

Airplane

Can you find all of the words hidden in the puzzle below?

```
P W S Z G E Q S C F T H K W E
W I G R B N T W P L M H G N I
A E L G J J O A W D E W G V W
F V R O W W R O G U W I G E M
W E T G T A S J G W N H L S S
S E G A G G A B S E F B S B F
B O A R D I N G P A S S V H W
Q D B R T K H S S V G J J K R
T N A D N E T T A T H G I L F
H R F W A A E E N M G R L L M
H K E K F C O C K P I T N T W
V R A W W E E Z D V K K S R Y
C A B I N Y G H S F H L M M G
G F S R Y Y E R A F R I A J J
Y E R W W R Z S Z H J K G G T
```

Words to find:

Pilot

Engine

Crew

Cabin

Gate

Airfare

Flight Attendant

Cockpit

Baggage

Boarding Pass

Plumbing

Can you find all of the words hidden in the puzzle below?

```
W A S D V G Q W E P O I Y A S D M N W B
Q S A S D W A G W J H G W H H G F D S W
E W I V W D A W S C F I F F D A W E X B
R W C N B M W Z I F K A W A V W B N M A
W A Z W K W B D E E A H A W E W S T Z W
T A W D G T Z T W A S U W A S H J K M A
Y W A W Z A E W I N A W C X L C Z A W S
W A C V B L W A B V C Z W E A S D F W H
U G H J I W J K L W A Q A E T R T Y W E
I W A O F W P O W W A K I U Y A R E W R
O L T A W J H G F S A W S P A R B B N M
P W J W S E W A G E W H W L H G F D S A
A A W K Q Q W E E R R Y W U A E R T Y U
S W S Y T A N I A R D W A N K L A W F S
S W E A D B I W O U S W K G W A G W I T
F A Z B V W B N M J H H W E F R E Q Y M
W A W Z U X U R W I Z W F R A W A Z E K
Q W E R Y T W A F K W J W J F G E P I P
W A Z G E W H I I L K J A W J H G G R S
W S W F F B I W A S W F E Z H G T T Y A
```

Words to find:

Pipe

Sink

Toilet

Faucet

Drain

Leak

Tube

Washer

Sewage

Plunger

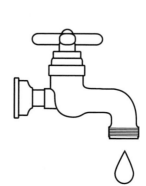

Lighting

Can you find all of the words hidden in the puzzle below?

```
Q Y U W V T O A A B R G C A T P R A T W
W T I B C O I Z S W I Z F D P M A L W U
E R O N X R U W T J A S S G D R W W S W
R L P M Z C U V E C L Z W J E G W H I S
T E I W A H Y G R W E W I Z D R I W E S
Y W P G S W T H C W R L R H J N J K E P
U Q O W H F W X C W G H F W E S D F D F
I D W D D T R I O W Z X C E C V B N A M
O A L S F W B W B A S B D F R G H J H K
P Y W H D Z W U S U N K U Z S Q W E S T
A L K P W F K D L T Y U W I P O D S A J
S I J O F E L S A B M N B V B C X Z S A
D G W I G R T A H W L K J H G F D S A A
F H J U H A R W A R A S D F G G H J K L
G T K Y J S T H G I L H S A L F H W K E
Z W G T W I P F W M N B V C X Z L K L J
X Q F E K W G I G W E S D S A Y T R E W
C Z A R B E A M W I T T A S D F G H J K
V A A W L O O W M N B V C X W Z Z K J H
B Q W Q L P I V W Y U I E R A S D F G W
```

Words to find:

Sun

Light Bulb

Lamp

Flashlight

Beam

Reflect

Shade

Daylight

Shine

Torch

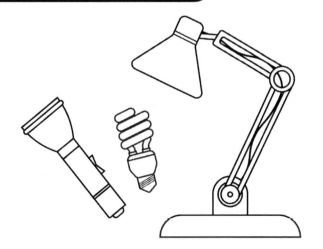

Card Games

Can you find all of the words hidden in the puzzle below?

```
K P O I U Y T R E E W Q W L K J H G F R
I W Q W W E T R Y U I L Z X C V B W U N
N W C L K J H G F D S A E R T W I M I W
G U W R S D W F G L Z X C V V B M N W K
S R T Y I U I I O P P L K W W Y Z W C X
I A S D W B D G H J A A S D F G H A W G
N G H J K L B Q Q W E R T Y U I J Y H W
T G F D S S W A B N W A R W H P Y T J W
H L H J K I O P G B W S D F A F G H J J
E A S D S W F G H E W S H L W Q W E R W
C G H J W T C V B N N M S W U G H J K W
O W I S D F R G H J O O Q W E R T Y U I
R Z A V B N W A M L K J K J H G F F D S
N W D E E R T W E W Z W Y U D Y U W O P
E L K J H G F D S H M N B V E I U T R S
R M N B V C X Z A S D D F G E S T Y G N
S V S O L I T A I R E T E W P W E R S O
W A S D F W G H J K L P O I S A W F G O
Z X C V B N S T H G I E Y Z A R C W J P
M L K J H Y U I O W Q R T U I G H J K S
```

Words to find:

Cribbage

Hearts

Rummy

War

Slapjack

Spoons

Solitaire

Speed

Crazy Eights

Kings in the Corner

Pizza Toppings

Can you find all of the words hidden in the puzzle below?

```
L K J H G F D S A W E R T Y U P W I O P
W M W S A L A M I S D F F G E G H J K L
P Z X C V V B N M L K J J P J H G T D S
W I E R R T Y Y I O P W P Y T R E R A S
A S N S D F G H J K L E W M N B N B V C
E J W E Z W M A H W R X X C V V O V B N
J K L W A L P O I O U Y T R R E I W A D
W R I P H P H W N P C L L J H W N F D S
A Z X Z X C P I R W N Q R T Y U O P A W
W O W Z X W A L E R T O T Y U I O A S D
X L C V G H J K E L W R C T Y U I O P L
U I U I D S S D F G H J K A K V B N M V
L V J H G F D S A W G T Y U B W R W O R
W E S S D F E W S D F G H J K L P U O T
S V B B N S J H F D S A W Q R T Y U R I
V B B N E W M D D F G H J K T T Y I H I
W V G E W R T Y H H W Y Y J H G F D S S
S S H W S W F R E P P E P L L E B W U Z
Z C X C V B N M L K J H G F D S U Y M I
E R T Y I O P L K J H G F D S V B B N M
```

Words to find:

Cheese

Pepperoni

Pineapple

Ham

Bacon

Mushroom

Olive

Salami

Bell Pepper

Onion

Winter Sports

Can you find all of the words hidden in the puzzle below?

```
C W Q S T Y B N G N I T A K S D E E P S
D R L K J H G F D S A W J H N B V C Y T
O W O Z X C V B N W G N I L R U C W G K
G R T S F G H W I O P A A S D F G N H J
S T Y U S I O W P L K W A G F W I W G D
L W D F G C H J K L W L R T Y T B W N M
E Y T R E W O D F G P K W J A H G W F D
D L M N B V C U W I O P W K P W B A Z W
R P I U Y T T R N E D S S W S D O W G G
A W C V N M W E N T W E H W J K B L P N
C A S D F W S G H W R K L I W N S Y U I
I D D V B K W S D U F Y W G H J L U W L
N N M W I Q W T G Z X G S J H W E G F I
G T F I H H W I W H J K B K N M D L W B
R W N T Y U F J K K A E E R I W I I B O
Q G W R T Y U Y E K C O H E C I B N M M
A A S D F G G U U Y T R E Q W O N W U W
Z Q W E R T T Y U I L L K J H G F G W O
X S N O W B O A R D I N G W G H J K K N
C V B N Z X C V B N M W I U W S D F W S
```

Words to find:

Alpine Skiing

Cross-Country Skiing

Figure Skating

Speed Skating

Snowboarding

Curling

Ice Hockey

Bobsled

Dogsled Racing

Snowmobiling

Snorkeling

Can you find all of the words hidden in the puzzle below?

```
I Z A W S Q S E D W D U F R F T G Y G S
J G A W K S R E E F L D Z F Z G X N N W
C O V W B W N B W B N U N B H M P O W P
O G O I W I Y T Y U Z U T Z R R X W C
E G E Q W S W I M S W S D Q D K W F N G
G L A H P H W J W S K W K L E L Z Z X W
A E S D F A H J K L Z X C L V B N M D V
Q S E Y T R D H J S D F W F Y U I P O W
D F G W S D V D G J K W H N Q A A Z E E
C W F E H W K Z L W I T X R E C A S L D
J K W L A G S F D E W D F A W G E A H Y
C D V A H U W E C C A I D G H J H L O U
A D G H K L H G D D S V T Y Y X J W K T
E W E N T G Y T U H W E I O E V P B K L
B L Z I N D I M D F H G R F D J S A K K
W E R T Y U W R U H I H O J P J H B A B
Q W F G S W E S T C T T Y W Y U Y U B I
I W I T A W A Z X X B W G C N V G D H W
F B E W S R T Y E W R E T A W R E D N U
Y W Y W U E U R T W I Y O H O F G P W A
```

Words to find:

Snorkel

Swim

Paddle

Dive

Wetsuit

Goggles

Underwater

Inhale

Exhale

Reef

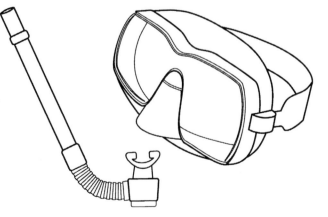

Thanksgiving Dinner

Can you find all of the words hidden in the puzzle below?

```
Q F R W E Z E T O T A T O P D E H S A M
I C I W A G A Z X C V B T C G S H T H W
F B O X S W A Y Y W E T R B T W T U T B
Y W R R U W S V I W I G O U O P W R G P
D F G W N D A W G J K Q F N Q A A K E U
C W F E H R K W I R I F Y R E W A E I M
J K W K G G W F P D I S A A S A E Y E P
C D V B H U W E C N A A D G H C K L O K
A D G J K L H G G D S S T Y U J J W K I
E F E R W G G H W H H O W A K V L B K N
B V B N E N B M A F D F S R A J G J K P
W Q E E W E A R W H R Y W J K S V B K I
A D L K S V N W D G R U F K G W H S G E
J S O W K S K B L R L A Z W Z C X B N W
C Z R E V W V B E B N U N B W M P E H P
O W E I W I Y B Y A W U T H G P R W Y
E Z S Q W Q N W A S N S D Q D F W F W G
G W S H W A W J W Y K S Y L W L Z B X W
A A A D R G H J K L L L O R R E N N I D
Q W C C T R G H J S D F W F Y U I P O W
```

Words to find:

Turkey

Casserole

Corn

Stuffing

Gravy

Cranberry Sauce

Mashed Potato

Green Beans

Pumpkin Pie

Dinner Roll

Astronaut

Can you find all of the words hidden in the puzzle below?

```
W D V B H U W E C C A D D G H J K L O O
A D G J K L H G D Q S W T Y E J O W K R
E W E G T G Y H U H C N U A L V R B K U
B A S D F G M H M F J K R L M J B J N K
W E B L A S T R W H M H N J B J I B W V
Q W C X E Z E W A S T D Y D F U T U R I
I Z I S A D A W X F A G I C G W H Y H U
S B F Q R T Y U E W I O R O R L T K J H
Y P Y K U W E R I T R W O C O P B P N A
A B A W S H S G D E D U F W F N F Z G J
J W J C K W Z X T W C C Z W Z A K L X W
C Z D F E G V S W B N A N B W S Y U W P
O W O I W S A W Y G W U P F T A Q R R T
E T E Q B Q U J N S H S D S D F Y F N G
G E G H W H Z I C J K V B L R N M Z E W
A K S D F G D J T L Z X C V V E N M G V
Q C E Y T N G H J S D F W F Y U T P Y W
D O G W A D V W G J K W H N Q A A U X D
C R F L H W K Q I W I T Z R E W A S O D
J K W K F G G F H D J S K A W A E W E Y
```

Words to find:

Orbit

Rocket

Blast

Launch

NASA

Landing

Spacesuit

Asteroid

Oxygen

Outer Space

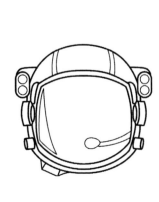

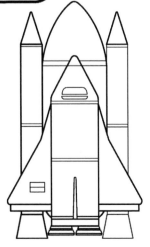

Surfing

Can you find all of the words hidden in the puzzle below?

```
A D A W S Q S E D R D U F W A K A H S J
J Y U I K W K O L H L W Z G F W X D S W
C Z C M N W V B N B N U N V C M P A W P
O W O I W I Y E Y U B U T W T R Z R X C
E Z E Q W Q E W A S R S D Q D F W F E G
G W A V E R W J R T E W K L Y U H G X W
A A S D C G H J K L A X C V V S B M N V
Q W E S T R G H J S K F W F A U I P O W
S F N W S D V Z G J K X H L Q A A Z E D
C U F W H D K F I G H T T I U S T E W D
S K R K W G K I Y D W W T A R E E W F Y
C D V F H U W E C C A A D G H J K L O U
A D G J B L H G D T S S T Y B J J W K Z
E W E G W O W H E H W L W O W V Z B K X
B R T N U I A R M F P L R P K J J H K G
W A X E W R Y R T H R U W J R E F D W B
Q W J K E W L M D W T L Y W B V W U C I
I W I W A Z A W X D F G H J G K H W H P
F B Q W E T S R E Y E T R H R Z T G T H
Y Z Y V U T U O E P I W O V O F D S W A
```

Words to find:

Wave

Wetsuit

Surfboard

Sunscreen

Saltwater

Break

Lull

Shaka

Wax

Wipeout

Teeth Cleaning

Can you find all of the words hidden in the puzzle below?

```
W D V B H U Q E V C T Y D G H J K L A U
A D G J K L S E C A R B T Y R T J W K Y
E W U G W O I A S D W O F O G V W B K H
J R B K L Z M Z X H C F R M R V J N B K
W E P O I U W R Y H S H O J W T R B E Q
A N Q B R U S H T W T U Y W S D F U W I
I I F G A H J M X N T W R C G W H B H V
F A Q C S W R T E H Y M R B R W T U T P
Y T A H U S D F W W I G H J H P P O Y T
A E Q E S W R A D T T Y F W F T G U I J
J R A C K W S S L W N F G H Z W O J K L
C Z L K Q H V B W B N E N B W M P O M P
O W O U M I Y N B U W V M W T R C C T X
E Z E P L Q A W K J H S D T D F W G F D
G W G P I O U J E T K W R E N L R Z S W
A A S D F G H J U L Z X C V V I B S N V
Q W E Y T R G H Q S D F W F N U O P O W
D F G W S D V Q A J K W H S Q L A P E D
C W A S D E K O L W I T E R F W A S P D
J K W A S G W F P D P K J H G A E Z E A
```

Words to find:

Appointment

Retainer

Toothbrush

Mouthwash

Checkup

Braces

Brush

Rinse

Plaque

Floss

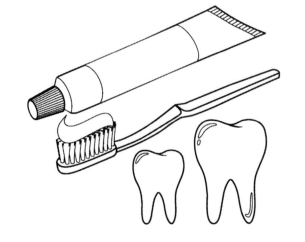

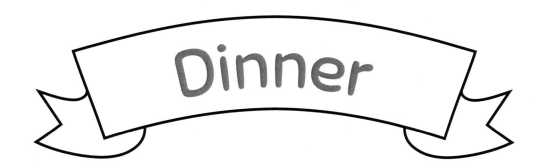

Dinner

Can you find all of the words hidden in the puzzle below?

```
D W Q B O W L W T Q E T Y W Y U H U R I
I I I W A R A G X T X Y G Y G T U W I W
F B N W S A S L E S E T R W O W T D T C
Y D Y N U F U A I G I H O L O J W P O A
D F G W E D V S G J K W C N Q A A A E D
C W F W H R K S I W I E Z R E W S S W D
J K W K X G P F W D L S C A W T E W E Y
C D V B H U W L C B A A D G E J K L O U
A R G J L L H G A D S S T R Y J V W K E
E E V G E J W T N T M O S O P V W B F P
B S B N N C A M O F E F R I R J J I I K
W S U E Y R E S W H R H Q J W J N B Q B
A I A W S S I D W S U F W F K G S G J
J N D W K G K H P W L J Z W R K X L X M
C G C W V N V B W R N U V E W M P P X K
O W O I W I Y A Y U E U T A T R S R W R
E Z E C O N D I M E N T S Q D F W F D O
G W G H F H G J W J U H N L W L Z Z X F
A A S D F G H J K B Z X C E V B N M N V
Q W E Y T R G H J S D F W F C U I P O W
```

Words to find:

Dinner Plate

Centerpiece

Tablecloth

Butter Knife

Condiments

Dressing

Fork

Glass

Bowl

Coasters

Celebrate

Can you find all of the words hidden in the puzzle below?

```
O D A W S R T Y U I D U F P O W G W K J
J K N M K K J H G F L W Z D S A G B X W
C R M N B V V B W X F U N B W M A P W P
O O O I W I Y S Y U E Q E R T L T R T Y
E W H Q Z X C V A K W S D Q L F H F W G
G E Z H C H W J A J K E R O W L E Z X E
A R S D F G H C K L Z X O V V B R M N V
Q I E Y T R P H J S D N W F Y U I P O W
D F T W S U V A G J S W H N Q A N Z E D
C W F T C W K W R W I T W R E W G S W D
J K W K E G W F Q T W S A A W B E M N Y
C D V B H F W E C C Y A D G H J K L O R
A D G J K L N G D D S H T Y P J O W K E
E W E G W F D O S H A O A O U Y W B K M
M N B V V C X Z C A F R R T S D F F G A
Q E W R T Y U I O P L N W J L K J H G E
L W Q K E C I S U M T J Y W H G F U R R
I W I Z A W S D F G H W G C J U Y T H T
F B F E S T I V E W E T R T R E Q Z T S
G H J W U K L A S W I D F G O E R T Y A
```

Words to find:

Balloons

Cupcake

Party Hat

Gathering

Horn

Confetti

Firework

Music

Streamer

Festive

Fire

Can you find all of the words hidden in the puzzle below?

```
Q J H G F D E S A W T T P O T R U E W Q
A S I S D F G H X W X J K L G W H M N B
F B F W S W S W E W E T R W R W T W T W
Y L B V C W M X Z W I T O H O P W S D A
D A G W S D O W G J K W H N Q A A Z E D
C Z F W H Z K C I W I E M A L F A S W D
J E F K Q I E F W D M N B A C A E W E Y
C D V B N U W E C Q R A D G H J K L O A
A D G D K L H G D S V S T H Y N J W K H
I W L G U Y T H R H H O W O E R D B K W
B E B N A S A F M S F Y R G H U J M K N
B N M E W R D R I H W H D J Q B R T W B
A D A W S Z S U D R R U F R T W G Y U J
J W G H K F G W L A E Q Z W A R T Y X W
C Z C W V N V B W B N P N B A N P S D F
O Z O I I R Y W T U Y I L P T R T R B W
E Z E T W Q A D F G W E D A E N H F W G
G W X H Z X C V B J K W K L C L Z A X S
A E S D E M B E R L Z X C V E N M O V
Q W E Y T R G H J S D F W F Y U I P O W
```

Words to find:

Smoke

Burn

Flame

Blaze

Ember

Extinguish

Kindle

Hot

Fireplace

Hydrant

Can you find all of the words hidden in the puzzle below?

```
K D V B H U W E C J A H D G H J K M O U
A C G J K L H G D N B S T Y V J C X K W
E I E G W B V C X Z L O W K J V H H K G
B V B G F D M U S E U M R A P J O I K U
U I W E E R U Y T H W R W J R E Q S A B
Q L G H B D E W T B V C E W Y U Z T W I
M I I W I Z A W X A S M G L G W H O H D
F Z F W R D P F E G P T R H I W T R T Z
M A Y Z C X U Y I I X C O V B C W Y N A
A T S D S W Q E R W D U F R T Y G W G J
J I J W K G H E L A L W Z M N B V C X W
C O P O I U Y B W B M U N B T R Q P M Q
O N O I W B N M Y U W I T W T R W Z O A
E N E Q W K A W A S V S D Q D E W F D G
G W N H W K H J W G K F K L D U Z S G Q
A A S D F T C A F I T R A V V T N M N V
Q W E Y T R G H J S D F W F Y A I P I W
A C G W S F V W G J A W H N Q T A Z K A
C Z X C V B K W I N M P I R E S A S W D
J K W Y T R E Q W D A S S D F G A S E Y
```

Words to find:

History   Relic

Statue   Scribe

Empire   Artifact

Pyramid   Museum

Civilization   Kingdom

Figure Skating

Can you find all of the words hidden in the puzzle below?

```
A S Q D E R E T Y U I O P W Y U Z X W I
A S D W A G H J K W X L M N B W H G F D
F B F W S Z X V E B N M R K J H T W F G
Y W I C E W U Z X C I T O C V B N M K A
A F G W S D V F G J F W H N Q A A Z E D
C W F B V C X Z I I K J W R E H A S W F
J K W K W G J F L D W S W A W A E W E Y
C D V B H U W U C C A A B G H J K L O U
A D G O K L H G M D S S T A Y J J W K W
E E P G T G W E Y P U O X O C V D B K S
B C A S D N D M F G H E R N B K J V L C
W N Q E R A T Y W H L U I O P J S B A B
A E A W L Z S C V B D U F N M D G P R S
S U A B K W U Y T E L W Z J H G X F I W
C Q C A S D V B N V N U U B W M P T P N
O E O A W I Y Z X U W V B N T R W R S J
A S E A W T Y U I S W I O P D F W F H G
E W G H W D F G W J K M N L W L Z Z X N
A A S D F G N J K L Z X C V V K N I R V
S W E Y T R G B J S D F W F Y U I P O Z
```

Words to find:

Ice

Rink

Jump

Axel

Blade

Backspin

Lift

Hop

Spiral

Sequence

Supermarket

Can you find all of the words hidden in the puzzle below?

```
A Q M B H U Z E C T A O D G H J K L O K
S W N J K L H G D D S S T W E J Y O K W
D T B G N I H T O L C O W O L R D B K W
F R V N A N I M E F F E R I N J O Y B K
G Y V E W U P P L E A S W N O J W B A B
H U C W R I E T T D F L A W S E L U S I
J I X F A U A Z A M O N S A L W H E K W
K O Z L S Y S I E W E T R W O W T I E Z
L P Y K U T R X S W I W B C O P W P T A
A L A J S Y S C D L D R F W F W G W G J
J K O H K H K V A W E Y A R O P P A T W
C K I G V G V B Z A N U N B W C S W L O
O H P F H I Y K D U Z U T W A R W R I D
E G U D G Q A P A E W S D S D Y A N G I
G F Y S F H O L L D L W H L W N B R D I
A D T A S G H J K L Z I C V O G N A N V
P C H E E S E H J S E F W P Y U I P O W
O D Q O S A V T G R K W U P Q A A Z E D
I S W I H K K A I E I O W O E C A S Z D
J A E U D A G C F D C S R N K A E C E Y
```

Words to find:

Aisle   Fruit

Bread   Coupon

Deli   Clothing

Cashier   Cheese

Dairy   Basket

Skiing

Can you find all of the words hidden in the puzzle below?

```
K L J H M N B C V B D U B V X L K X G D
J H E R Y T K W L P O I Z W L K J H H P
Q Z L O D G E B B V G F T R W M N P B L
W D S I Z Q Y W R T A U T Y U I O P F K
R Z E Q W V B N A S W S N O W H J K L M
T W F R T G J K L A S P K L O I Z T Y N
Y A S D F G N J K L Z X C V G B N M B I
U W E Y T E G I J S D F W F S U I P O J
I F G W S C V W D J K W L N L A A Z E B
L T F G H I K G I N I L Z R U C V B N T
K A S K A G E F O D I S O A S A E G E G
J D V K H P W E C H A B D G H J K L O B
H D G J I L O G N D S D F G H J K L K R
G Q R T Y P N W A S D T F I L R I A H C
F R B N B V O M D Y U C P O N Y T R E Z
T F G E W D H L U E H G F D A K L O P C
Y B N M E Z R T E Q R T Y W I O P L F I
R W I H G T Y U L K J X C V B N M Y T R
T B T R E W S H E F A L U G O M T A S J
Z V Y H N M R F V E D C K J H G F U J M
```

Words to find:

Ski Pole

Downhill

Powder

Binding

Snow

Mogul

Slush

Ice

Lodge

Chairlift

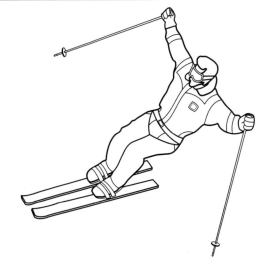

Home Appliances

Can you find all of the words hidden in the puzzle below?

```
W D V B T O A S T E R A D G H J K L O R
S A G J K L H G I D S G T Y E Z J A E S
K D S G F G N H G H E O S O L V N F K M
B G B H N F M Z N F G F N R Q J R J K K
Q E Q E I R P R N H T H R E T I Y B Q B
Q S Q G E N E B T I T E Y O G U B U P I
I F I R A N G L X N H K G E G Q H A H J
E R F H S C S M E S E G R R F T J T D
V E Y R U S U C A A I A O Z O P T P C A
A E A X S B S W D C T C F V F Y G E G N
W Z J T K V H B L O H E Z N Z A X O X O
O E C Y V S V B R B N I N M M M O P Y I
R R O I I I Y U Y U O U N T T R E R S S
C A E D S Q A G A S D S J E K F G F F I
I Q G H W H E R E N A E L C M U U C A V
M A S D F G H J K L Z X C V V B N M N E
C O F F E E M A K E R F Y F Y U I P O L
D F G K S D V Z G J K K H N Q A A Z E E
C Z F R E D N E L B I T Z R E K A S Z T
J K F K Z G S F Z D E S Z A O A E Z E Y
```

Words to find:

Washing Machine

Vacuum Cleaner

Coffee Maker

Refrigerator

Dishwasher

Toaster

Television

Freezer

Microwave

Blender

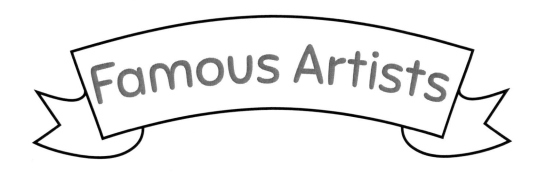

Famous Artists

Can you find all of the words hidden in the puzzle below?

```
C D V B H U W O O S S A C I P O L B A P
L H E N R I M A T I S S E Q W I U Y T R
A N D Y W A R H O L M N B V C X Z L K J
U B Y T R E W Q O L H A K A D I R F K Z
D V V B N M J K L L P O I U Y R T E W Q
E G H J H W K J H G E I U Y I Y U I O P
M Y T R E G A W E R A G D C S D F G H J
O B F Z S X O Z E B N M N J K U Y T R E
N Z Y R U T U G I N I I J A O P Q P R A
E B A A S G S H N J V U F K L N G B G J
T W J W K W K W L A L W Z W Z E X W X W
C Z C W V W B D B V U N B W M H P W P
O W O I W I Y O Y U W T T W T R W C W W
E Z E Q T Q D Y A S U S N Q D F I F I G
G Y G H T R R J E J K Q K E Z L Z H L M
A A S D A G H J K L Z X C V C B N M N V
Q W E N T R G H J S K A N D I N S K Y W
D F O W S D V Q G J K Z H N Q A I Z E D
G E O R G I A O K E E F F E E Z A V W D
L K W K W G W F W D W S W A W A E W E Y
```

Words to find:

Leonardo da Vinci

Vincent van Gogh

Claude Monet

Michelangelo

Georgia O'Keeffe

Andy Warhol

Frida Kahlo

Kandinsky

Pablo Picasso

Henri Matisse

Painting

Can you find all of the words hidden in the puzzle below?

```
A D V B H U I E C C A A D G H J K L O U
G H J K L M N G C I L Y R C A J J Q K Z
E Q E G Z G R H T H Y T J O H V F B K D
B S Q W E R T Y J F G D R R D M N B L K
W E Z X C P A R E T T E L A P J V E B N
A L Q P I O R T Y Q E H G F A S S U W I
S T I U Y T R E X Q X C G C V A J W H J
K S F W S T G B E R E T H Z E Q T R T Y
H I Y H U F U D I S I Z O N O P R T W A
G R A E S W S E D R D U F T I Y G U G J
F B J W C A N V A S L Z Z G Z Q X H X J
C Z C Z V T B B B N U N B Z M U P Q P
O A O I D E Y H Y U Y U T A T R B E A W
E Z E Q C R A J A S Z S D Q D F V F C G
G W G H V C W J T J K Y K E U L Z J X K
A A S D F O H J K L Z X C S V B N M N V
Q W E Y T L G H J S D F W N Y U I P O W
D F G S S O V D G J K F H I Q A A Z E D
C G H S U R B S H T I T Q R E A N S N D
J K N K T G M F W D M S Z A Q A E K E Y
```

Words to find:

Canvas

Watercolor

Brush

Palette

Technique

Art

Bristles

Rinse

Easel

Acrylic

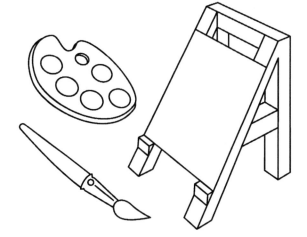

Ballroom

Can you find all of the words hidden in the puzzle below?

```
P D A L S Z S X D C A U F S F D G T G J
O G J S K D K F L G G N I N E V E A X S
I Z C J V S V B D B N O N B F M P G H J
M F O R T Y U W Y F D D T S T R B R N M
U U E R T Y U I A E F S D Q D F G J K G
Y S S H V B N J X M K A L A G L K J H G
T A S I F G H U K L Z X C V V B N M N V
R Z E Y C R T H J S D F X F Y U I P O V
E J G H S D V B G J K N H N Q B A Z E D
H H F G H A K D I A I T E R E A A S I D
Q K A F S G D Z Y D G S H A J L E Y E Y
C F G O W N X E C T A F D G H L K S O U
A S G J K L H G D N S S T C Y J J S K T
L P E F G H J K L A U Y T R E D N A K Y
J O L N F G H J M G F R T Y A J F L K S
H I W A G H J K L E R T Y N S D F C G B
G U Q B M N E Z T L T R C Y U I G U W I
F Y I Z A R A D X E X E G C F J K L H W
Q T F B S N O A E F E T G H K P I T R S
W R Y F U R U F I L I K O C O P R P P A
```

Words to find:

Gala	Dance
Gown	Music
Ball	Formal
Elegant	Classy
Tuxedo	Evening

Music Genre

Can you find all of the words hidden in the puzzle below?

```
T G F W E W Q J H G F D T R S Z H G F C
U Y T R E W Q A S W X Z K L O F H Z X B
Q B R T S Y S U E I E P R A R S T D T F
Y B L U E S U D I J I W O C O P W P W A
D F G Z S D I X G A K C H N P A A Z E Q
C A F S H S K D I Z I T F O E G A S H D
J K P K C G O F U Z Y S P A T A E R E Y
C D V O H U Q E C C A S D G H J K L W U
A D G J K L H G C D V S T B Y J N W K M
E R E G T Y U H I P W I F G H V N B K N
B B B N N E L E C T R O N I C J J K K I
T Y W E D R S A J H H G F D O J Y H T R
R Y I W P A S C D F D U F U F G G H G J
J L S G K W P I L Q L R N Y Z I X R X P
C E H G V D V S S B N T N B Z M P O Q K
O P O I Z I Y S M U R U T Z T R Q C T V
E S E Q G B N A A Y S S D Q D F R K H G
G O G H R M W L N J K B K L V L Z C X S
A G S D F G H C K L Z X C S V B N M N V
Q A E S T D G F J G D H W J Y L I Y O W
```

Words to find:

Jazz

Classical

Blues

Electronic

Country

Pop

Disco

Folk

Rock

Gospel

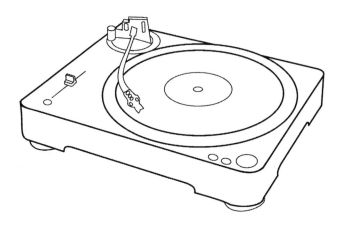

Eye Movement

Can you find all of the words hidden in the puzzle below?

```
E L L H O W E Z T Y S W N D A E R U W Z
I W C L O S E I E L P A H T N W R L E E
F R E V E R S W E T E A C K E C H O L O
M A R L A D A E O O C K I E O H C L A C
P P L W I N K A E A B A N A E C A R P D
E M L O N W T A E B R T W R E T T P O A
O T M A O T C U L U M B C A R I R R O C
C D V B W U H I C I H A R G H W K M O U
B L A T E L N F S O A S E R A T S D B E
M T H G O K H E R F T H A R E N S O E W
G L E N A M R A M P T I R F N I R G K K
A S D F G Z P T Y U I L S F G H H J W N
H G E R T Y E M N E D U L B G F D S G E
G W O R K W R R Y A I F F L T U T R L D
C R C O I D L R G T O A N B O N H E W I
H G S T T G C E D C Q S F B T R N H T W
E Z E S D F A N A S U T D Q S F D F B G
A W G H A H E J E J K O K L I L Z H X O
O A S D F G H J K N E P O V V B N M N V
S W E Y T R G H J S D F Z F Y U I P O Q
```

Words to find:

Wink

Stare

Blink

Gaze

Twitch

Cry

Roll

Close

Open

Widen

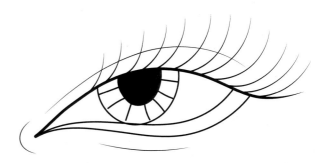

Funny

Can you find all of the words hidden in the puzzle below?

```
L K J A H U W E A S D A D G H F G H C U
F W A J O K E G D D F G T Y S U M H K M
M Z E G N G B H V H C O X O G V U B K H
T B R R Q G L K J F A F R E R C J E K I
A E D E S R L R K H H H J K J G B F L
Q D H U M O R F T G T H Y L J K L U W A
I L Q W R T Y U I W I X E C G H H J K R
F B A G H G S T R E E T R B N M T J P I
Y A Y U D S U R I U I R O C O P E P H O
A B A S G D S V D G D U F H F S G K G U
J A Y I K H K E L G G I G G T H J K L S
C Y Y U I O P B W H G F D S W M P V C P
O D O U Y T R W Y U Z U T X T R V R N M
E E M Q L Q R K A S J S D Q D F H F G A
G M F H G E V J B J K M K L A L Z S X D
A O S D K G H J K L Z E L K C I T M N V
Q C E C F R G H J S D F R F Y U I P O Z
D F I A S D V T G J K Y H N Q A A Z E D
C N F P H M K A I P I T P R E L A S E D
S K E K L G E F P D H S A A N A E T E Y
```

Words to find:

Joke   Chuckle

Tickle   Laugh

Humor   Jest

Giggle   Hilarious

Snicker   Comedy

Middle Ages

Can you find all of the words hidden in the puzzle below?

```
A M S X D C F V G B H N J M K L W U Z I
Q N W S E D R F T G Y H J C D U K E H Z
L B F A S Z T A O M E T R M R N T B T V
D V Y S U Y U Z I T I Z O K O P K P U A
J R G D S D V X G J K W I N Q A A Z E D
H C A F H M K Z I N I N B R E V A S Z S
G X W W G G H F J D G S L A K A E I E Y
F Z V B B U Z E C D A A D G H M K L O U
D L L J K R H G O D S Y T Y Y L J W K N
S K O G W G I M Z H X O V N W V Z B K B
A J R N F N M D M F Z F Z R A J A J S K
Q H D E Y R T R G H S H D J Y H F B G X
W G A P S H S H D E D U F R F K C W G J
R F J H C R A N O M L Y L W Z J X R X Z
T D C T V U V B W B N A N B T M P P E P
Y S O I L I Y J Y U V U T W H R Z R H M
F R E S K Q A W A I W S D Q G F V F J G
U P G H J H Z J H J K X K L I L Z P X C
I O S D F G H C K L Z X C V N B N M N V
P Y E Y T R G H J S D F W F K U I P O B
```

Words to find:

Kingdom   Duke

Drawbridge   Serf

Chivalry   Lord

Merchant   Knight

Monarch   Moat

WANT SOME HELP?

To get a free copy of the answer guide, send an email to *helpdesk@wordadventurebooks.com* with "Word Search Answer Guide 8-10" in the subject line.

In the body of the email, please rate your book on a scale of 1 to 5, with 5 being the highest rating. Also, feel free to share what you like or dislike about the book.

ALL FEEDBACK HELPS US DO A BETTER JOB AT SERVING YOU!

Made in United States
North Haven, CT
02 October 2021